GRETA GALLANDY

IM CHATROOM GEFANGEN

Illustrationen von: Niels Roland

TEEN READERS TR TEEN READERS

Greta Gallandy:
Im Chatroom gefangen
Teen Readers, Stufe 1

Herausgeber:
Ulla Malmmose und Charlotte Bistrup

Umschlagentwurf: Mette Plesner
Umschlagillustrationen: Gremlin/iStock (hinten),
monkeybusinessimages/iStock/Thinkstock (vorne)

ISBN Dänemark 978-87-23-52971-8
www.easyreaders.eu

The CEFR levels stated on the back of the book
are approximate levels.

Easy Readers
EGMONT

Gedrückt in Dänemark

Biografie

Ich bin keine Computerspezialistin, sondern freue mich schon, wenn mein PC ganz brav als Schreibmaschine und als Email-Post funktioniert. Gechattet habe ich zwar auch schon, aber ich möchte lieber sehen, mit wem ich rede. Wenn ich etwas über Chatrooms, Computerspiele und Tricks wissen will, dann frage ich meine Söhne und meine Schüler. Junge Leute sind so schlau heutzutage!

Und sonst? Ich bin in Hamburg aufgewachsen, habe zehn Jahre in Süddeutschland gelebt und wohne jetzt in Dänemark südlich von Kopenhagen. Ich habe viele Berufe ausprobiert, aber arbeite jetzt als Lehrerin für Schüler zwischen sechs und fünfzehn Jahren und schreibe Texte für den Deutschunterricht.

Meine Hobbys sind: Lesen, am Strand laufen, Raubvögel beobachten und mit Pferden spielen.

Ein paar Worte über die Hauptperson Stefan:

Stefan ist fast 14 Jahre alt und wohnt in einer kleinen Stadt in Norddeutschland. Da geht er auch zur Schule, aber seine Eltern fahren morgens mit ihren Autos zur Arbeit nach Hamburg.

Stefans Vater arbeitet als Chemiker in einem großen Konzern. Stefan weiß nur, dass er seit Jahren versucht, einen *Impfstoff* gegen eine gefährliche Tropenkrankheit zu entwickeln. Natürlich ist alles sehr geheim. Vater würde nie etwas Genaues darüber sagen. Er ist viel auf Reisen, meistens im Ausland.

Stefans Mutter ist Bibliothekarin an der Universität. Stefan hat als kleiner Junge tagsüber bei seinen Großeltern gespielt, die in der Nähe wohnen. Jetzt ist Stefan kein Baby mehr. Er kann ohne Probleme nach der Schule alleine zu Hause sein. Manchmal ist er auch abends allein. Wenn Vater auf Reisen ist, dann hat Mutter keine Lust, jeden Abend zu Hause zu sein. Manchmal besucht sie Freundinnen oder fährt in die Stadt, um Konzerte zu hören.

der Impfstoff, Medizin, damit man nicht krank wird

1

An einem Abend im Mai war Stefan ganz alleine zu Hause. Seine Lage war allerdings ziemlich verzweifelt.

Er war nämlich in einem *unterirdischen* Labyrinth mit *gemauerten* Wänden eingesperrt. Seit Stunden versuchte er schon, den einzigen Weg ans Licht und in die Freiheit zu finden. An irgendeiner Stelle musste eine Treppe sein, die hinauf zu einem *Brunnen* führte. Und dieser Brunnen lag in einem alten Schloss. Doch jedes Mal, wenn er glaubte, einen Ausgang in der Mauer gefunden zu haben, stand da ein gefährlicher *Wächter* mit langen spitzen Zähnen und einer *Lanze*.

Dann hatte Stefan plötzlich eine *Strickleiter* entdeckt. Vielleicht war das die Lösung?

der Brunnen

Übrigens hatte er gar nicht gehört, als seine Mutter rief: „Tschüss, mein Schatz, ich bin in drei Stunden zurück." Sie fuhr zum Konzert. Stefan saß hypnotisiert an seinem neuen Computerspiel. Seine Oma hatte es ihm gerade geschenkt. Sie fand, dass es nett aussah, nicht so brutal wie die anderen. Sie wollte ihm ja viel lieber ein

unterirdisch, unter der Erde
gemauert, aus Steinen gebaut

der Wächter
die Lanze
die Strickleiter

Buch geben, am liebsten über deutsche *Geschichte* oder Musik oder vielleicht auch Biologie. Er konnte wirklich froh sein, dass sie kein Buch gekauft hatte.

„Was willst du mit diesen dummen Spielen? Und dann ist alles immer auf Englisch. Du vergisst deine Muttersprache ja noch ganz."

Vater hatte sich ins Gespräch eingemischt:

„Man kann die Zeit nicht aufhalten, Mutter. Computertechnik hat fast nur englische Ausdrücke. Sogar kleine Kinder können heute schon ein paar englische Wörter."

Er hatte gelachte, aber Oma hatte mit dem Kopf geschüttelt.

Die Strickleiter war leider nichts. So ein *Mist*. Stefan rutschte immer ab. Irgendetwas war völlig falsch. Vielleicht brauchte er spezielle Schuhe oder so.

Stefan stand auf und ging in die Küche. Eigentlich hatte er keinen Hunger, und eigentlich war er auch ein kleines bisschen zu, tja - dick vielleicht? Noch hatte ihn keiner damit in der Schule geärgert, aber wenn er nicht aufpasste, könnte das leicht passieren. Das wusste er ganz genau.

Dennoch nahm er sich eine neue Flasche mit dem ungesunden Getränk aus dem Kühlschrank und fand auch eine Tüte mit Chips auf dem Küchentisch.

„Wasser und Äpfel sind gesund, Junge", sagte Oma immer. „In Chips sind keine Vitamine."

die Geschichte, Wissen über alte Zeiten, aber auch eine Erzählung
der Mist, Tiere machen Mist im Stall

Komisch, warum dachte er jetzt an seine Großmutter?

Er ging zurück zu seinem PC. Normalerweise kam er schnell durch alle neuen Spiele hindurch, aber dieses Spiel war schwer. Sicher hatte er etwas übersehen.

Was sollte er nur machen? Um aus dem Labyrinth zu kommen, brauchte er Helfer. Um die Helfer zu belohnen, brauchte er Geschenke. Aber bis jetzt hatte er noch keine freundlichen Menschen gesehen, sondern nur *Ameisen*, eine *Ratte* und einen *Salamander*.

Vielleicht war es eines der Tiere, das er fragen musste.

Er versuchte es wieder. Als Geschenke gab es ein Buch, einen Ring und eine *Wurzel*. Aber was sollte eine Ameise mit einer Wurzel?

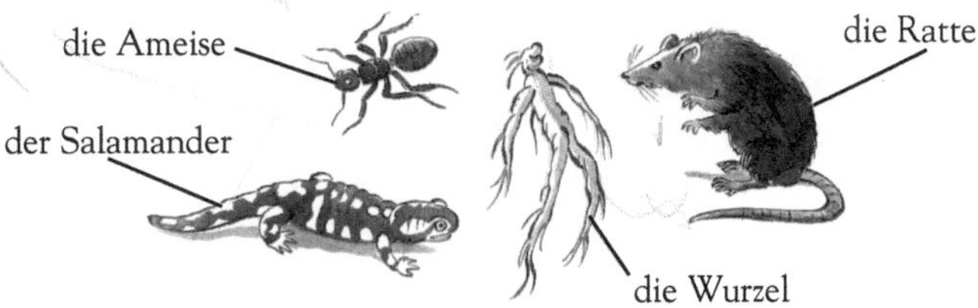

Neuer Versuch. Schon wieder *ging* alles *schief* und Stefan musste zurück in sein Gefängnis im Labyrinth.

Dann *verlor* er die *Geduld*. Jetzt wollte er endlich wissen, wie das Spiel weiterging. Er wollte einfach *schummeln*, einfach bei ‚cheat' suchen. Aber er *hatte Pech*. Das Spiel war vielleicht zu neu.

es ging schief, es ging nicht gut
die Geduld verlieren, nicht mehr ruhig bleiben können
schummeln, nicht ehrlich spielen
Pech haben, kein Glück haben

Dann suchte er seinen gewohnten Chatroom im Internet. Da gab es Diskussionen über Computerspiele. Vielleicht war gerade jemand im Netz, der ihm helfen konnte.

„*Biberle*14“ schrieb Stefan als seinen „Nickname“. Auf dem Monitor sah er: „Biberle14 has joined“.

der Biber

das Biberle

Genau. Has joined, jetzt war er dabei. *Biber* war ein netter Name und das „le“ am Ende war süddeutsch. Ein kleiner Biber war er. Das fand er witzig. Die Zahl 14 war sein Alter. Das war ja ein bisschen gelogen, weil er erst in zwei Monaten Geburtstag hatte. Aber das konnte ja keiner wissen.

Stefan schrieb:

„Hallo. Ist da jemand, der sich mit Horror-Adventures auskennt?“

Stefan musste einige Minuten warten, bis eine Antwort für ihn kam. Da waren viele andere Teilnehmer im Chatroom.

KrilleXY3:„An Biberle14. Ja. Ich. Welches hast du?“

Biberle14 an KrilleXY3: „Ich habe Labyrinth Spell of The Black Castle. Ich komme nicht weiter. Ich komme nicht einmal aus dem Keller. Wie kommt man rauf ins Schloss?“

KrilleXY3 an Biberle:„Was hast du versucht?“

Das war peinlich. Stefan schrieb alle seine hoffnungslosen Versuche auf. Dahinter setzte er einen Smiley ☹. Der lächelte aber nicht.

KrilleXY3: „☺ Du hast etwas vergessen. Ratten können klettern. „Gib der Ratte was zu fressen, dann hilft sie dir weiter."

Biberle14: „Was will sie denn haben?"

KrilleXY3: „Deinen eigenen Proviant, Schinken, Käse oder Brot. Käse ist am besten."

Biberle14: „Danke sehr. Ich versuch's gleich mal."

KrilleXY3: „Warte mal. Du musst auch die anderen Tiere füttern."

Biberle14:„Warum?"

KrilleXY3: „Die können dir später helfen."

Biberle14: „O.K. Danke."

KrilleXY3: „Bist du ein Mädchen?"

Biberle14: „Ist das wichtig?"

KrilleXY3: „Ne, aber dein Name ist süß.☺"

Biberle14: „???"

KrilleXY3: „Ich bin ein Mädchen."

Biberle14: „Ich nicht. Tschüss."

Stefan meldete sich ab. Das stand auch auf dem Monitor.

„Biberle14 has quit."

Er war ein bisschen verwirrt. Er hatte gar nicht daran gedacht, dass ein Mädchen ihm helfen könnte. Mädchen waren nicht so interessiert an Computerspielen. Wie alt war sie? Wie sah sie wohl aus? Sie musste ziemlich *schlau* sein.

schlau, intelligent

Er ging zurück in sein Spiel. Es war richtig, was Krille gesagt hatte. Die Ratte wollte Futter. Dafür gab sie ihm ihre Kletterkunst. Stefan konnte plötzlich genau wie eine Ratte die dünne Strickleiter hinaufklettern und kam durch den Brunnen in das dunkle Schloss. Hier musste er aufpassen, denn der Brunnen war bewacht.

Aber plötzlich hatte er keine Lust mehr, weiterzuspielen. Er konnte ja morgen weitermachen. Er musste einfach wissen, wie alt Krille war und vielleicht auch, ob sie in der Nähe wohnte. Aber sie war nicht mehr im Chatroom zu finden.

In den nächsten Tagen hatte Stefan keine Zeit für sein Computerspiel. In der Schule gab es Klassenarbeiten. Mathematik war in Ordnung, aber Geschichte und Geografie waren schlimm. Er hatte nicht genug gelernt. Er musste lesen. Stefan hatte niemandem von Krille erzählt. Was sollte er auch sagen?

„Ich glaube, dass ich ein Mädchen kenne. Ich weiß nicht, wie alt sie ist. Ich weiß auch nicht, wie sie aussieht. Ich weiß nicht einmal, ob sie wirklich ein Mädchen ist."

Im Internet *logen* ja die meisten Leute.

Aber Stefan suchte jeden Abend um die gleiche Zeit in seinem gewohnten Chatroom. Krille war einfach *verschwunden*. Wie dumm von ihm, dass er nicht längere Zeit mit ihr gesprochen hatte.

Er musste sich allein durch sein Computerspiel kämpfen. Es ging nur langsam voran. Ameisen und Salamander waren gefüttert und warteten darauf, eine

lügen, logen, nicht die Wahrheit sagen
ist verschwunden, ist nicht mehr da

Aufgabe zu lösen. Stefan war endlich aus dem Brunnen gekommen, hatte mehrere Wächter überwältigt, einen *Werwolf* in eine *Truhe* gesperrt und ein rätselhaftes *Kartenspiel* und einen *Würfel* gefunden. Und was jetzt?

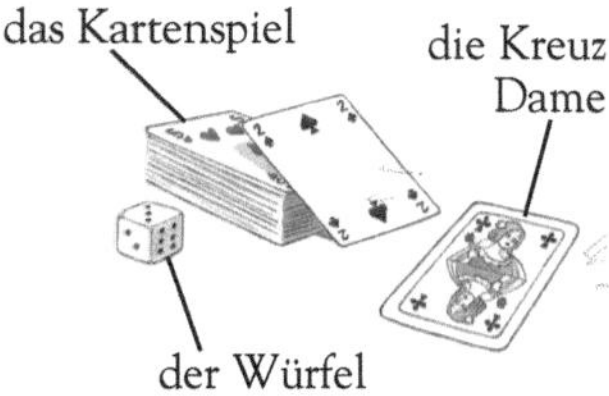

2

An einem Samstag saß er wieder und suchte im Chatroom.

„Stefan?" Die Mutter rief aus dem Wohnzimmer. „Komm jetzt endlich. Wir warten schon eine *Ewigkeit* auf dich!"

Er hatte es fast vergessen. Heute kamen die Großeltern zu Besuch und dazu seine drei Kusinen mit Eltern.

„Gleich!" rief er. „Ich komme gleich. Ich muss nur gerade was finden."

Biberle14 has joined, stand auf dem Monitor.

„Biberle14: Hallo. Wer kennt KrilleXY3?"

Stefan wartete ein paar Minuten und wollte gerade den Chatroom verlassen, als der Monitor die Linie anzeigte:

| *die Ewigkeit,* eine unendlich lange Zeit

KrilleXY3 has joined.

Stefans Herz machte einen kleinen Sprung vor Spannung.

KrilleXY3: „Biberle, wie geht's mit dem *verflixten Schreckschloss?*"

Biberle14: „Nicht so gut. Du musst mir helfen."

KrilleXY3: „Wie weit bist du gekommen?"

Biberle14: „Zum Kartenspiel und den Würfeln."

KrilleXY3: „Nicht schlecht. Du musst eine 1 würfeln, dann ziehst du die richtige Karte, die *Kreuz* Dame. Mit der Karte gehst du zum *Küchenmädchen*. Und gib ihr den Ring, denn sie kennt das *heimliche Grab*."

das Küchenmädchen

das Grab

„Stefan, mach jetzt sofort den Rechner aus. Deine Mutter hat dich schon vor einer Viertelstunde gerufen."

Vater stand plötzlich in Stefans Zimmer und sah wütend aus.

verflixt, irritierend, dumm
das Schreckschloss, unheimliches Schloss
die Kreuz Dame, siehe Zeichnung auf seite 13
heimlich, nicht offen

Und dann machte Stefan etwas Verbotenes. Er schrieb so schnell er konnte:

„Krille, mein Vater ☹ lässt mich nicht weitermachen. Schreib mir an meine Mailadresse: Stefanbib@.....“

Alle Gäste saßen *vergnügt* am Tisch und aßen Torte, Obstkuchen und Marmorkuchen und Kekse. Nur Stefan konnte nichts als Tee trinken und einen einzigen Keks knabbern.

„Bist du krank, Junge?“, fragte Oma.

„Nein, ich glaube nur, dass er müde ist“, sagte der Vater. „Er sitzt Tag und Nacht vor dem Rechner.“

„Warum machst du keinen Sport?“, fragte Opa. „Wir haben eine schöne Schwimmhalle in der Stadt.“

Es war ein furchtbarer Nachmittag. Stefan konnte an nichts anderes denken als seine Emailadresse, die er verraten hatte. Und das Schlimmste: In der Emailadresse war ja sein eigener Name versteckt: Stefan Biber. Man konnte ihn ganz leicht finden, mit Adresse und Telefonnummer.

Stefan versuchte in den nächsten Wochen wieder, im Chat nach Krille zu suchen, aber sie war nicht da. Er wartete auf eine Email. Doch nichts passierte.

Dann kamen die Sommerferien und Stefans Geburtstag. Das Computerspiel hatte Stefan längst gelernt, es war *langweilig* geworden. Er hatte zwei neue bekommen. Die Eltern und er fuhren nach Österreich und waren drei Wochen nicht zu Hause. Er war wieder gewachsen

vergnügt, zufrieden und froh
langweilig, gar nicht interessant

und dabei dünner geworden, denn er musste jeden Tag mit den Eltern in den Bergen wandern. Er durfte seinen Rechner nicht mitnehmen. Dann mussten beide Eltern wieder zur Arbeit.

Stefan hatte noch eine Woche Ferien.

An einem Montagvormittag klingelte es an der Tür. Stefan war gerade aufgestanden und aß sein Frühstück vor dem Rechner. Er ging an die Tür, öffnete und war *überrascht*. Aber er wusste es sofort: Hier steht Krille.

3

Als Stefans Mutter am späten Nachmittag nach Hause kam, wunderte sie sich. Stefan war nicht in seinem Zimmer, nicht in der Küche, nicht im Bad und nicht im Wohnzimmer. Er war weg. Sie rief seine Handynummer an und hörte, wie es oben in Stefans Zimmer klingelte. Er hatte sein Handy sonst immer dabei. Und jetzt lag es auf dem Tisch.

Mutter wurde ängstlich. Als der Vater wenig später nach Hause kam, fingen sie beide an zu telefonieren. Erst einmal riefen sie die Großeltern an, dann einige Schulkameraden, dann gingen sie zu den *Nachbarn*. Aber niemand wusste etwas und keiner hatte ihn gesehen.

„Es ist noch zu früh, um die Polizei anzurufen“, sagte der Vater. „Wir müssen warten.“

Dann kamen die Großeltern. Alle standen in Ste-

überrascht sein, plötzlich auf etwas reagieren
die Nachbarn, Leute, die in der Nähe wohnen

fans Zimmer und versuchten, nachzudenken. Vielleicht war da ein *Zettel*.

„Was hat er die letzten Tage gemacht?", fragte Opa. „Er hat doch wieder nur am Rechner gesessen."

„Vielleicht kennt er jemanden, mit dem er zusammen Computerspiele macht." Oma war ängstlich.

„Das hätte er gesagt." Mutter schüttelte den Kopf.

„Wirklich?", Omas Stimme klang unsicher. „Vielleicht ist ihm etwas passiert. Ist sein *Fahrrad* in der Garage?"

„Das Fahrrad. Das benutzt er nur für den Schulweg", sagte Vater.

Opa ging sofort zur Tür.

„Ich sehe in der Garage nach." Er kam nach kurzer Zeit zurück.

„Das Fahrrad ist weg," rief er.

„Wie spät ist es?", fragte Oma.

„Wie spät? 23.35. Bald ist es Mitternacht." Mutter sprach leise und schüttelte mit dem Kopf.

„Jetzt müssen wir die Polizei anrufen. Vielleicht auch das Krankenhaus. Vielleicht hat er einen *Unfall* gehabt", sagte Oma.

Der Vater nahm sein Handy und murmelte:

"Ich rufe an."

Am nächsten Morgen kam die erste Meldung durch das Radio.

Der 14jährige Schüler Stefan Biber ist seit gestern Nachmittag verschwunden. Er ist 1,65 m groß und trägt blaue

der Zettel, kleines Stück Papier
das fahrrad, siehe Zeichnung auf Seite 22-23
der Unfall, wenn man zum Beispiel ein Bein bricht
murmeln, ganz leise sprechen

Jeans und einen weißen Pullover und Sportschuhe. Er ist wahrscheinlich mit seinem grünen Rennrad unterwegs. Stefan Biber ist Computerfan und kann Freunde über das Internet gefunden haben. Hinweise an die nächste Polizeidienststelle.

Danach diskutierten Experten über Jugendliche, die verschwanden. Einer der Leute fand das Internet gefährlich und sagte:

„Es ist immer ein Risiko, sich mit Menschen zu treffen, die man nicht kennt. Niemals dürfen Kinder und Jugendliche ihren Namen angeben, ihre Adresse oder Telefonnummer. Man weiß ja nicht, mit wem man wirklich Kontakt hat."

Stefans Mutter durfte auch im Regionalfernsehen sprechen. Sie sah ganz weiß aus.

„Stefan", sagte sie. „Wir machen uns so große Sorgen. Bitte melde dich. Wir können verstehen, wenn du eine Dummheit gemacht hast und jetzt nicht nach Hause kommen willst. Bitte ruf wenigstens an und sag, dass es dir gut geht. Alles geht in Ordnung. Komm nach Hause."

Die Journalistin fragte sie:

„Glauben Sie, dass Ihr Sohn von zu Hause weggelaufen ist?"

Die Mutter schüttelte den Kopf.

„Nein, eigentlich nicht. Aber junge Leute können so etwas machen. Warum sollte mein Sohn eine Ausnahme sein. Er ist sonst nicht schwierig. Aber man kann ja nicht immer wissen, was ein junger Mensch denkt."

Viele Leute riefen bei Stefans Eltern an, Stefans Klassenlehrer, ein paar Mitschüler und Bekannte. Alle wollten beim Suchen helfen. Das Warten war das

Schlimmste. Man musste doch etwas tun.

4

Als Stefan Krille sah, musste er lachen. Sie war klein und höchstens 13 Jahre alt. Sie hatte dickes lockiges Haar und Sommersprossen. Sie stand einfach vor der Tür und hielt ihr Fahrrad mit einer Hand. Sie lachte auch.

„Hallo Krille", sagte Stefan.

„Hallo Stefan. Darf ich reinkommen?", fragte sie.

Stefan öffnete die Tür ganz und guckte zu, wie sie ihr Fahrrad an die Mauer lehnte und es abschloss. Dann gingen sie ins Haus.

„Wie hast du mich gefunden?", fragte er.

„Das war ganz einfach, deine Emailadresse ist ja dein Name."

„Ja, schön *blöd* von mir, ich weiß. Wohnst du hier in der Stadt?"

„Ne, aber nicht so weit von hier."

„Wissen deine Eltern, dass du hier bist?"

„Nein, sie sind zu einer langweiligen Feier gefahren. Jemand wird 60 Jahre alt. Sie sind erst morgen Mittag zurück, vielleicht erst am Nachmittag. Aber heute Abend kommt meine Tante zum Übernachten. Und du? Bist du auch alleine?"

„Ne, nicht richtig, meine Eltern kommen am Nachmittag zurück."

„Wie ging es mit dem Spiel?"

„Jetzt kann ich es auswendig. Ich habe ein neues.

blöd, nicht so intelligent

Das gefällt dir sicher nicht."

„Warum?"

„Zu brutal. Eigentlich ziemlich *eklig*."

„Zeig mal."

„Sag mal, wieso kannst du eigentlich so viel?"

Krille lachte stolz:

„Ganz einfach. Meine Eltern sind beide in der Branche."

„Wie meinst du das?"

„Na ja, meine Mutter schreibt für eine Computerzeitschrift. Sie probiert Spiele aus und schreibt davon. Und mein Vater ist Programmierer. Er berät Firmen."

„Das heisst, du hast immer den neusten Rechner."

Krille nickte.

„Genau. Und die neusten Spiele zum Probieren."

Stefan schüttelte den Kopf.

„Ich *platze vor Neid*. Sag mal, wie heisst du eigentlich richtig?"

„Das sag ich nicht, Krille ist ein schöner Name, mein richtiger Name ist langweilig. Willst du mich besuchen? Hast du ein Fahrrad?"

„Ja. Wie weit ist es?"

„14 Kilometer."

„Kein Problem. Dann bin ich wieder zu Hause, wenn meine Eltern kommen."

Krille wohnte mit ihren Eltern in einer alten *Villa* mit einem riesigen *Grundstück*. Stefan und Krille stellten ihre Fahrräder hinter das Haus. Dann gingen sie durch

eklig, viele finden Schlangen eklig
vor Neid platzen, extrem neidisch sein
die Villa, siehe Zeichnung auf Seite 22-23
das Grundstück, siehe Zeichnung auf Seite 22-23

den Garten. Es standen alte Bäume darin und am Ende des Grundstücks noch ein kleines Haus, das etwas verfallen aussah.

„Das war früher mal die Wohnung für Hausangestellte. Aber jetzt ist es nur für alte Sachen und *Gartengeräte*. Wir brauchen es nie."

„Braucht ihr es nie? Das Gras ist runtergetreten. Da, guck mal."

„Stimmt. Das waren sicher Nachbarkinder. Die spielen manchmal hier."

Sie zeigte ans Ende vom Grundstück.

„Da hinten ist ein *Teich mit Enten*. Willst du ihn sehen?"

„Nein danke, ich bin kein Naturfan."

Krille lachte.

„Ich auch nicht. Jetzt zeig ich dir die Computerspiele."

Krilles Rechner war das neuste Modell auf dem Markt. Sie hatte dazu eine riesige *Auswahl* von Spielen, die sie einfach aus dem Arbeitszimmer ihrer Mutter holen konnte.

Stefan fand es merkwürdig, in solch einem riesigen alten Haus zu wohnen. Krilles Eltern mussten sehr reich sein. Aber das Haus wirkte leblos.

„Wir waren fünf Wochen verreist, sagte Krille, so als wenn sie seine Gedanken lesen konnte. „Deshalb sieht alles noch so *kahl* aus."

Das war richtig. Die Familie hatte noch nicht einmal den *Mülleimer* benutzt und die Garage stand verschlos-

die Gartengeräte, siehe Zeichnung auf Seite 22-23
der Teich mit Enten, siehe Zeichnung auf Seite 22-23
die Auswahl, viele Sachen zum Aussuchen
kahl, leer
der Mülleimer, siehe Zeichnung auf Seite 22-23

die Villa
der Teich mit Enten
das Grundstück

das Fahrrad

Mülleimer
die Gartengeräte

sen. Die Gartenmöbel waren noch nicht zurück auf die Terrasse gestellt.

„Hast du auch Hunger?“, fragte Krille, nachdem sie ein neues Spiel probiert hatten.

„Kann sein“, sagte Stefan.

Sie gingen in die Küche und waren gerade dabei,

den Kühlschrank zu durchsuchen, als sie ein *Geräusch* hörten.

„Was war das?“, fragte Stefan.

Krille antwortete nicht. Sie drehte nur den Kopf zur Tür. plötzlich standen zwei fremde Männer im Raum. Es ging alles so schnell, dass keines der Kinder reagieren konnte.

Erst lange Zeit später konnte Stefan wieder denken. Er saß im Dunklen mit den Händen auf dem Rücken. Seine Handgelenke waren mit einem festen Klebeband zusammengebunden.

„Krille“, sagte er, „bist du hier?“

„Ich bin hier, gleich neben dir.“

„Was ist eigentlich passiert?“

„*Einbrecher*“, sagte sie, „sie haben sicher alles ausgeräumt.“

„Und wo sind wir?“

„Im Gartenhaus. Sie haben uns im Keller eingeschlossen.“

„Tut dir was weh?“

„Ja, meine Arme. Sie sind auf den Rücken gebunden.“

„Was haben sie mit mir gemacht?“

„Du hast einen Schlag an den Kopf bekommen.“

„Au, aber mir tun auch die Beine weh. Wie kommen wir bloß hier raus?“

„Erst müssen wir das Klebeband abkriegen.“

„Und wie?“

„Denk an die Ratte vom Computerspiel Black Castle.“

„Die Ratte?“

das Geräusch, man hört etwas
die Einbrecher, Kriminelle, die ins Haus kommen und stehlen

„Genau. Sie konnte klettern und alles kaputt beißen. Wir müssen das Band durchbeißen. Ich fange bei dir an, dann musst du mir helfen, wenn du deine Hände frei hast."

Es gelang Krille nach einigen Minuten, ein Loch in das Klebeband zu knabbern, bis es schließlich abzulösen war.

„Pfui, das schmeckt eklig", sagte sie.

„Gut gemacht, Ratte. Jetzt bin ich dran." Stefan konnte nun mit seinen Fingernägeln Krilles Band abreißen.

„Kannst du etwas sehen?", fragte sie.

„Nein, nichts.. Aber jetzt müssen wir herausfinden, ob etwas auf dem Boden liegt. Vielleicht können wir es gebrauchen."

„Woran denkst du?"

„Egal, etwas zum *Krach* machen oder zum Rauskommen."

Krille und Stefan krochen durch den Keller.

„Ich habe einen Nagel und ein paar Schrauben gefunden. Und hier in der Ecke steht eine leere Holzkiste. Und was hast du?"

„Ich habe ein paar Steine und eine Blechdose. Der Raum ist nicht so groß. Hier ist eine Tür, leider aus Metall. Die ist fest verschlossen."

„Eine Tür? Die muss hoch in den Garten gehen."

„Hast du die nie gesehen?"

„Nein. Da sind überall Büsche und *Unkraut*."

„ Wie hoch ist die Decke wohl?"

„Kannst du sie nicht erreichen?"

der Krach, viel Lärm
das Unkraut, wilde Pflanzen

„Nein, ich versuche es mit dem Kasten."

„Was jetzt?"

„Die Decke ist nur aus Holz. Was ist über dem Keller?"

„Die Küche. Ich wusste gar nicht, dass ein Keller unter der Küche war. Aber ich konnte trotz der verbundenen Augen merken, wo die Männer uns hin schleppen."

„Mir tut alles weh. Sag mal, wenn der Keller unter der Küche ist, wie kommt man von der Küche in den Keller?"

„Du meinst, da muss eine *Falltür* sein?"

„Ja genau. Eine Falltür oder eine Klappe. Früher war da sicher eine Leiter oder eine Treppe."

„Das klingt logisch."

„Die Einbrecher müssen das Haus kennen."

„Glaubst du?"

„Na klar, sie hatten ja Zeit, als ihr verreist wart."

„Stimmt. Wie spät ist es eigentlich?"

„Ich hab keine Armbanduhr, weil ich sonst immer auf mein Handy gucken kann. Sie haben es mir natürlich weggenommen."

„Und mein Handy, das habe ich total vergessen. Ich glaube, es liegt zu Hause bei mir auf dem Tisch."

„Was können wir jetzt machen?"

„Hm, erst die Ratte vom Spiel, dann kamen die Ameisen. Ja genau, denk an die Ameisen vom Spiel. Sie kamen überall durch. Da müssen *Ritzen* in der Holzdecke sein. Vielleicht können wir die Falltür finden und hochheben."

die Falltür, eine Tür im Fußboden
die Ritze, ein schmales Loch

„Und dann müssen wir an die Metalltür schlagen, deine Tante muss doch bald kommen und dich suchen. Sie muss uns doch hören können."

Stefan und Krille standen abwechselnd auf der Kiste und suchten nach der Falltür in der Holzdecke. Die Arme taten ihnen weh. Krille war so klein, dass sie auf den Zehen stehen musste. Dann schlugen sie mit den Steinen und der Blechdose auf die Metalltür, aber nichts passierte.

„Ich bin so durstig", jammerte Krille. „Ich kann nicht mehr. Ich halte es nicht mehr aus." Sie hatte sich in eine Ecke gesetzt.

Stefan stand auf der Holzkiste und suchte weiter. Dann rief er:

„Hier ist die Falltür. Jetzt ist nur die Frage, ob wir sie hochheben können. Komm, steh auf, Krille. Wir schaffen das schon."

Stefan stemmte sich gegen die Tür über ihnen, aber sie saß fest.

der Riegel

„Vielleicht ist da ein *Riegel* davor", murmelte er. „Wir müssen ein Loch kratzen. Das Holz ist weich."

„Wenn sie uns nicht in drei Tagen finden, verdursten wir. Deine Eltern müssen doch auch suchen. Wo sind denn die ganzen Leute? Haben uns alle vergessen?"

Stefan brummte nur und versuchte, sich mit einem Nagel durch die Decke zu arbeiten. Dann sah er einen ganz kleinen Lichtstrahl.

„Geschafft", rief er. „Ab jetzt wird es leichter."

Er setzte sich neben Krille, um auszuruhen.

„Jetzt fehlt uns nur ein Tier vom Computerspiel", sagte er. „Was fällt dir dazu ein?"

Krille lachte ein bisschen böse.

„*Sich tot stellen*", sagte sie. „Der Salamander konnte stundenlang still liegen und abwarten."

„Siehst du. Genau das müssen wir auch machen."

Es waren einige Stunden vergangen. Stefan war eingeschlafen und hatte geträumt, dass er mit seinem Opa sprach und ihm genau erklärte, dass er in einem Keller gefangen war und dass er sich durch die Decke arbeiten wollte. Und dann hatte er ihm eine Menge von Tieren erzählt, was Opa nicht verstand. Dann hatte Oma sich eingemischt und von einem Hund geredet, den sie als Kind gehabt hatte.

Dann war er aufgewacht. Er fror. Krille schlief neben ihm. Er dachte wieder an seine Großeltern. Er stellte sich vor, wie er ihnen in die Augen sah.

„Keller", murmelte er. "Ein Keller in einem kleinen Haus an einem Ententeich."

sich tot stellen, tun, als ob man tot ist

5

Am nächsten Vormittag fuhren Krilles Eltern vom Fest nach Hause. Während der Fahrt hörten sie Nachrichten im Regionalradio.

„Sag mal, Stefan Biber?" fragte Mutter. „Hast du das gehört? Dieser Name kommt mir bekannt vor. Ist das nicht der Junge, dem Christina vor kurzem geholfen hat? Sie hat es mir erzählt, weil sie so stolz war, dass sie das neue Spiel schon *auswendig* konnte."

„Wie alt ist der Junge, hast du das gehört?"

„Nur ein Jahr älter als sie."

„Er wird schon wieder *auftauchen*, sicher hat er Ärger mit den Eltern gehabt."

„Ärger mit den Eltern? Das kann Christina auch gleich kriegen, wenn wir nach Hause kommen. Wir hatten verabredet, dass sie am Abend anruft. Und dann nimmt sie nicht mal unsere Anrufe an."

„Und deine liebe Schwester? Ilona hätte sich ja wirklich melden können."

„Du weißt, wie sie ist. Sie findet, dass ich immer *übertreibe*. Sie findet mich komisch, weil ich ängstlich bin."

Die Eltern waren ärgerlich. Krille hatte sie am Abend anrufen sollen und hatte es garantiert vergessen. Dasselbe mit Ilona, Mutters Schwester. Sie war Künstlerin und ein bisschen *zerstreut*. Wer weiß, was die beiden die ganze Zeit gemacht hatten.

etwas auswendig können, etwas können, ohne nachzudenken
auftauchen, plötzlich wiederkommen
übertreiben, zu viel machen
zerstreut sein, nicht konzentriert sein

Aber als die Eltern an die Haustür kamen, konnten sie sofort merken, dass etwas passiert war. Sie öffneten und sahen, dass alles *umgestoßen und demoliert* war. In Mutters Arbeitsraum sah es am schlimmsten aus. Die Einbrecher hatten alles mitgenommen, was sie weiterverkaufen konnten. Die Eltern liefen durch alle Räume und durchsuchten das ganze Haus nach ihrer Tochter und Ilona. Dann alarmierten sie die Polizei.

„Ich kann es einfach merken. Sie sind weit weg." Krilles Mutter schüttelte den Kopf. Sie sah auf die demolierten und durchwühlten Räume und die leeren Regale, ohne sie richtig zu sehen. Es war ihr gleichgültig. Wenn sie nur wüsste, wo ihre Tochter war. Der Vater ging wieder in Krilles Zimmer. Auch ihr Rechner war gestohlen worden. Aber auf dem Boden lag ein kleiner Zettel.

Stefan Biber, Ulmenstraße 32 stand darauf.

„Was ist denn das hier? Verstehst du das?"

„Die Polizei kommt gleich, zeig ihnen den Zettel. Vielleicht hat sie ihn getroffen."

6

Stefans Großeltern saßen in ihrer eigenen Küche. Großvater sah *wütend* aus.

„Gut, dass man untersuchen kann, mit wem Stefan Kontakt gehabt hat. Die Polizei wird ihn finden."

„Ihn finden? Wen meinst du? Stefan?" Die Großmut-

umgestoßen und demoliert, liegt und ist kaputt
wütend, sehr böse

ter sah müde aus. „Hast du das Computerspiel richtig angesehen, dass ich ihm im Frühjahr gekauft habe?"

„Nein, du?"

„Nein, aber er sagte mir, dass es am Anfang viel schwerer war, als er gedacht hatte."

„Und dann?"

„Ja, und dann sagte er, er hätte Hilfe in so einem, 'chatroom' bekommen."

„Sagte er von wem?"

„Nein, vielleicht ist das der Mann."

„War es ein Erwachsener, glaubst du?"

„Wie kann man das wissen?"

„Wissen kann man gar nichts. Aber ich glaube, dass Stefan irgendwo eingesperrt ist und nicht raus kann."

„Eingesperrt?"

„Wo würdest du jemanden einsperren?"

„Ich würde niemals jemanden einsperren."

„Also ich habe als Kind mal in unserem Kartoffelkeller gesessen. Die Tür war zugefallen und ich saß da volle zwei Stunden."

„Wer hat dich gefunden?"

„Unser Hund natürlich. Mein Vater war mit ihm auf der Jagd, aber dann wollte der Hund nach Hause. Er konnte nichts machen. Und Othello ging sofort zur Kellertür."

„Othello, wie kann man einen Hund Othello nennen."

„Ist das jetzt nicht egal?"

„Ja, du hast Recht. Die Polizei muss mit Hunden suchen, überall und auch in allen Kellern."

„Rufst du an?"

„Ja, meine Liebe. Ich rufe an. Ich tue es wirklich und erzähle ihnen auch von dir und Othello."

„Lass das. Jetzt machst du keine *Witze*."

„Witze? Ich mache keine Witze. Ich bin ganz sicher, dass wir Ernst genommen werden."

7

Krilles Tante Ilona kam mit ihrem Auto vorgefahren und wunderte sich über die vielen Polizeiwagen.

„Was ist denn hier passiert?", rief sie.

„Ilona! Wo kommst du denn her? Wo ist Christina?", Krilles Mutter war ängstlich.

„Krille? Wo soll sie sein?"

„Sag mal, warst du gestern Abend hier bei Christina und hast hier bei ihr geschlafen?"

„Gestern? Moment mal, ihr habt gesagt, am 28. Juli

die Witze, darüber lacht man

und gestern war der 21. Juli. Oder habe ich euch falsch verstanden?“

„Ilona! Du warst nicht hier? Wir hatten einen Einbruch und das Kind war alleine zu Hause. Wenn wir doch nur nicht zu diesem Fest gegangen wären.“ Krilles Mutter weinte.

„Wessen Schuld das ist, brauchen wir jetzt nicht zu klären“, sagte Vater.

„Übrigens kommen die Eltern von diesem Jungen Stefan gleich. Da ist eine Verbindung zwischen den Beiden. Sie kennen sich übers Internet.“

Ein Polizist kam zu ihnen.

„Hinter dem Haus stehen zwei Fahrräder, das eine ist das gesuchte Rennrad von dem verschwundenen Jungen Stefan.“

„Dann war er hier.“ Der Vater schüttelte den Kopf. „ Aber was bedeutet das alles?“

8

Das Loch in der Decke war inzwischen ziemlich groß geworden. Es gab zumindest etwas Licht. Aber Stefan hatte Blasen an den Händen.

„Wir müssen wieder mal an die Tür schlagen“, sagte Krille. Sie war schwach vor Hunger und Durst.

„Ja, mach das. Nimm den Stein und die Blechdose. Mach richtig Krach.“

Krille schlug einen Rhythmus an die Metalltür. Dann schrie sie:

„ Jetzt hört uns doch endlich, ihr Idioten. Das kann doch nicht wahr sein, dass uns keiner finden will.“

„Sei still“, flüsterte Stefan. „War das nicht *Hundegebell?*“

Sie horchten beide.

„Ja!“, rief Krille. „Das sind Hunde. Hilf mir. Mach Krach. Schrei, so laut du kannst. Sie müssen uns hören.“

das Hundegebell, laute Hundestimme

Die Hunde kamen immer näher. Schließlich war der erste an der Tür zum Gartenhaus, wo er mit den Vorderpfoten kratzte. Die Polizisten brachen die Tür auf. Dann kratzte ein anderer Hund an der Metalltür zum Keller. Krille und Stefan riefen so laut sie konnten: „Wir sind hier im Keller." Aber die Tür war fest verschlossen.

„Wir brauchen einen Schlosser!“, rief eine Männerstimme.

Aber dann entdeckte der erste Hund schon die Falltür, die zum Teil unter einem alten Teppich versteckt lag. Und dann wurden Krille und Stefan endlich von vielen Händen hinauf ans Licht gezogen. Sie waren wieder frei.

Endlich konnten sie ihre Eltern wiedersehen und bekamen etwas zu trinken, zu essen und ein warmes Bad. Krille konnte der Polizei eine gute Beschreibung der beiden Täter geben, aber Stefan konnte sich an nichts erinnern.

Erst viele Tage später fragte Stefans Oma ihren Enkel:

„Sag mal, was habt ihr denn in all den furchtbaren Stunden gemacht?“

„Eigentlich nichts Besonderes. Hauptsächlich gechattet natürlich, total live.“

Die beiden Einbrecher wurden wenige Monate später gefasst. Sie bekamen harte *Gefängnisstrafen* wegen *Freiheitsberaubung* von *Minderjährigen*.

die Gefängnisstrafe, legale freiheitstrafe
die Freiheitsberaubung, jemandem die Freiheit nehmen
der Minderjährige, Mensch unter 18 Jahren

Fragen und Aufgaben

1. Gruppenarbeit mit Fantasie: Macht eine Skizze von Stefans Computerspiel „Spell of the Black Castle" und denkt euch gemeinsam aus, wie das Spiel endet. Wer ist der Herr des Schreckschlosses? Wie kann er oder sie besiegt werden?
2. Welche Computerspiele kennst du? Erzähl deinen Klassenkameraden davon.
3. Wie lange brauchst du dazu, ein neues Computerspiel zu lernen?
4. Was machst du, wenn du nicht weiterkommst?
5. Wie finden die Erwachsenen in deiner Familie Computerspiele? Was sagen deine Lehrer und Lehrerinnen?

Aufgaben zum Text:

6. Stefans Oma hat das Computerspiel für Stefan gekauft. Was wollte sie eigentlich lieber kaufen?

___

___

7. Wer ist Krille? Was ist das Spezielle an ihr?

___

___

8. Warum besucht Krille Stefan?

___

___

9. Warum will Stefan gerne mit Krille nach Hause fahren?

____

____

10. Wo sind Krilles Eltern?

____

____

11. Was wollen die Einbrecher stehlen?

____

____

12. Warum suchen Krilles Eltern ihre Tochter nicht früher?

____

____

13. Was denken Stefans Eltern und Opa und Oma über sein plötzliches Verschwinden?

____

____

14. Wie halten Stefan und Krille die Gefangenschaft aus?

____

____

15. Stefans Oma war einmal als Kind gefangen. Wie kam sie frei?

____

____

Fragen zum Internet:

16. Gruppenarbeit: Diskutiert in der Klasse. Ist das Internet gefährlich?
17. Gruppenarbeit: Erzählt von euren Erfahrungen. Habt ihr Freunde über das Internet gefunden?
18. Diskutiert: Ein richtiger Computerfreak ist nicht sportlich, oder?
19. Sucht chatrooms für junge Leute im Netz und etabliert einen Kontakt. Denkt an die Sicherheitsregeln: Keinen Namen, keine Adresse, keine Telefonnummer, keine Email-Adresse hergeben!

Es gibt überwachte Chatrooms für Minderjährige, z. B.: tivi Treff, Seitenstark, swr-Kindernetz-Quasselbude, Spiolino.

Fragt euren Lehrer, ob er beim Suchen helfen will.
Lehrertipps gibt es unter: www.lehrer-online.de

Sprachübungen:

Die Konjunktionen, wie z.B.

dass, weil, wenn, als, aber

machen eine Sprache erst interessant.
Finde die richtigen Konjunktionen in den folgenden Sätzen.

1. Stefan hört nicht, _____ seine Mutter das Haus verlässt.
2. Er ist so konzentriert auf sein Computerspiel, _____ es ganz neu ist.

3. Er ist manchmal am Abend alleine zu Hause, _____ er alt genug dazu ist.
4. Das Spiel ist schwerer, _____ er sich vorgestellt hatte.
5. Er kann nicht aus dem Labyrinth herauskommen, _____ er nicht die Strickleiter hinaufklettern kann.
6. Er versucht immer zu schummeln, _____ er nicht weiterkommt.
7. Krille ist plötzlich wieder im Chatroom, _____ Stefans Vater ist wütend und sagt: Mach sofort den Rechner aus!
8. Stefan liebt seine Familie, _____ er erzählt nicht alles über sich selbst.

Im Text sind viele Verben. Bilde eigene Sätze und erzähle die Geschichte in Kurzform.

Wohnte – arbeiteten – ging - spielte – hatte entdeckt – schrieb – suchte – fragte – fand – klingelte – fuhren – kamen – saßen – warteten – schrie – schlugen – alarmierten – entdeckte – brachen auf – wurden gefasst.

Weitere Übungen and Anregungen unter www.easyreaders.eu

TEEN READERS/EASY READERS (IN AUSWAHL) BISHER ERSCHIENEN:

Alan Posener Märchenland (2)
Alan Posener Olli aus Ossiland (3)
Andreas Schlüter Level 4 - Die Stadt der Kinder (B)
Anonym Till Eulenspiegel (A)
Christoph Wortberg Novembernacht (B)
Elsegret Ruge Vier Freunde - Abenteuer in München (2)
Erich Kästner Das doppelte Lottchen (A)
Erich Kästner Emil und die Detektive (B)
Erich Kästner Mein onkel Franz (A)
Gerhard Eikenbusch Und jeden Tag ein Stück weniger von mir (B)
Gottfried August Bürger Münchhausens Abenteuer (A)
Greta Gallandy Im Chatroom gefangen (1)
Greta Gallandy Keine Angst? (0)
Gudrun Pausewang Die Wolke (B)
Hansjörg Martin Kein Schnaps für Tamara (B)
Heinrich Spoerl Man kann ruhig darüber sprechen (B)
Herbert Reinecker Der Kommissar lässt bitten (B)
Inge Meyer-Dietrich Und das nennt ihr Mut (A)
Inge Scholl Die weisse Rose (B)
Iris Felter Tanz mit mir (1)
Jo Hanns Rösler Gänsebraten (A)
Johanna Spyri Heidi (0)
Krystyna Kuhn Bittersüsses oder Saures (1)
Marie Luise Kaschnitz Kurzgeschichten (B)
Michael Ende Lenchens Geheimnis (A)
Otfried Preußler Krabat
Otto Steiger Einen Dieb fangen (B)
Patricia Mennen Kopftuch (0)
Peter Härtling Ben liebt Anna (A)
Peter Härtling Paul, das Hauskind (B)
Siegfried Lenz Das Feuerschiff (B)
Siegfried Lenz Lotte soll nicht sterben (A)
Ursula Fuchs Wiebke und Paul (A)